Brigitte Enzner-Probst

Damit du dir glückst

Segen, Wünsche und Impulse

Von der Leichtigkeit des Glücks

Impuls

Eine Frau hat in ihrer Diele einen leeren Stuhl stehen. Ihre Freundin fragt: „Warum steht dieser Stuhl in deiner Diele?" Die Frau sagt: „Dieser Stuhl ist mein Glücksstuhl. Wann immer das Glück vorbeikommt, soll dieser Stuhl es einladen, sich niederzulassen!" Das Glück lässt sich nieder, wenn wir Platz dafür geschaffen haben.

Meditation

Nimm dir 20 Minuten Zeit und sorge dafür, dass du nicht gestört wirst.
Setz dich bequem hin. Achte auf deinen Atem, den Rhythmus des Lebens in dir.
Schließe die Augen.
Und jetzt stelle dir vor, das Glück ist eine Freundin, die sich zum Besuch angemeldet hat. Sie hat wenig Zeit.
Du überlegst, wie du sie empfangen willst. Diese Frau liebt Klarheit, Leichtigkeit.
Voller Schrecken denkst du an die Ecken in deinem Lebenshaus, die schon lange vernachlässigt wurden.
Im Geist gehst du durch die einzelnen Zimmer. Was steht nutzlos herum, was ist zuviel, was muss aufgeräumt werden?
Wenn du genug gesehen hast, beendest du die Meditation.
Schreib auf, was dir klar geworden ist und wie die Bilder in die Realität zu übersetzen sind.
Das Glück lässt sich nieder, wenn wir Platz dafür geschaffen haben.

Bittet so wird euch gegeben!
Mein Bitten heute ist konfus
Zerstreut
Indem ich es darlege
Ausbreite
Und um einen gnädigen Blick darauf bitte
Ordnet es sich
Klärt sich manches
Gewichtet sich
Komme ich selbst wieder ins Lot.
Danke!

Zwischen den Zeilen lesen

Zwischen den Zeilen lesen
My dear
Zwischen den Zeilen der mächtigen
Und alles bestimmenden Rede
lesen
In denen sich meine Seele verfangen hat
Auflesen
Was sich angesammelt hat
Verlesen sortieren
Zwischen den Zeilen
Leben

Segen der leeren Zeit
Schwer ist das auszuhalten
Dazusitzen
Und nichts zu tun
Und dennoch
Ohne diese Zeit
Ohne dieses Warten
Ohne Loslassen und bloßes Dasein
Kann nichts Neues entstehen

Deshalb
Gesegnet die leere Zeit
Gesegnet die Stunden von Nichtstun
und Warten
Gesegnet die Pausen
Gesegnet alle roten Ampeln
Gesegnet die Staus im Verkehr
Gesegnet die vollen Wartezimmer

Ich will loslassen
Und dasein
Mich füllen lassen
Und warten
Auf Gott.

Von der Selbstvergessenheit des Glücks

Impuls

Auf die Frage, was Glück ist:
Dorothee Sölle: Glück ist mein Grundgefühl, es trägt mich. Wie ein Wind, der mir Flügel wachsen lässt. Es ist immer schon da. Die Jagd nach dem Glück dagegen empfinde ich als etwas Krankhaftes.
Fulbert Steffensky: Unglück ist doch, sich ständig wahrnehmen zu müssen. Glück, sich vergessen zu können. Das Grundbild eines glücklichen Menschen sehe ich in unserem Enkelkind, das in ein Buch versunken ist….

Übungsaufgabe

Heute will ich das, was ich tue, aufmerksam tun.
Wenn ich jogge, spüre ich die Bewegung meines Körpers.
Wenn ich arbeite, konzentriere ich mich ungeteilt auf meine Aufgabe.
Wenn ich ausruhe, kehre ich bei mir selbst ein.
Wenn ich mit Menschen zusammen bin, wende ich mich ihnen ganz zu.
Wenn ich meditiere, weiß ich mich mit dem großen Ganzen verbunden, das mich und dieses ganze Universum hält.

Wildnis des Herzens

In die Wildnis meines Herzens
Mich zurückziehen
Inmitten der köstlichen Disteln
Ausruhen
Dem Geflieg der unbedeutenden
Kleingedanken zusehen
Ohne etwas zu wollen

Mich ins Sein
In das Große Vertrauen
Setzen
Richtig hineinsetzen!!

Unser Leben – ein Tropfen im großen Meer des Seins
Unser Glaube – oft angefochten und bedroht
Unser Handeln – manchmal mühsam und verstrickt.

Was für ein Segen
Für diesen Moment der Stille
Nichts tun zu müssen
Nichts denken
Nichts fühlen
Nichts machen

Nur dieses Eine
Dazusein
Ganz
Mit Haut und Haar

Segen dem eigenen Ort

Den eigenen Ort segnen
da wo ich gerade bin
mich nicht fortwünschen
mich nicht fortdenken
mich nicht vergleichen
Sondern
den eigenen Ort pflegen, ausbauen
als Ort meiner Kraft
Jeden Tag neu ihn betreten
Auch wenn er mir dunkel erscheint
gerade dort
meine Schätze ausbreiten
Darauf vertrauen
dass ich gebraucht werde
gerade hier
dass Menschen kommen werden
denen ich viel zu geben habe
Bereit zu werden
sie bei mir zu empfangen
voller Liebe
Sie nähren
sie tränken
sie segnen
Und ohne sie halten zu wollen
sie wieder entlassen

Nicht ich muss viel tun,
sondern ich lebe in Fülle
ich lebe die Fülle
ich lebe aus der Fülle
Ich lebe im Segen

Von Glücksfressern

Impuls

Die Wortwurzel von Glück bedeutet „Lücke" oder „Luke". Etwas, das unvollständig oder offen ist, wird geschlossen. Es entsteht ein Ganzes, ein geschlossener, schützender Raum.
Wir unterscheiden zwei unterschiedliche Bedeutungen: „Glück haben" und „Glücklich sein".
Doch gibt es eine geheime Verbindung zwischen beiden – die Glücklichen ziehen das Glück an wie die Blume den Schmetterling…

Glück lässt sich da erfahren, wo ich den Mangel gespürt habe.
Wo ich dem Schmerz der Lücke nicht ausgewichen bin.
Einer der größten Glücksfresser in unserer Gesellschaft ist, zu viel zu haben.

Übung

Überlege dir, was für „Lücken" es in deinem Leben gibt, was du vermisst, was du dir vielleicht gar nicht laut zu wünschen traust.
Spüre das schmerzliche Gefühl in dir, das sich einstellt, wenn du an diesen Mangel denkst.
Und dann tu etwas eigentlich Widersinniges: Versuche, gerade dafür dankbar zu sein.
Auch wenn dein Kopf es nicht versteht, danke gerade dafür.
Wenn du diese Übung immer wieder machst, stellen sich Erkenntnisse ein.
Notiere, was dir deutlich wird.
Es sind wichtige Schritte auf dem Weg, dass diese Lücke geschlossen werden kann.

Kraft-Segen

Mich ausrichten
Auf große Ziele
Ganz und voller Vertrauen
Und doch nicht zu machen
Sondern alles zu empfangen
Mich niederlassen
In deiner Kraft

Gesegnet deshalb
Mein Schwachsein
Das mich zu dir treibt
Gesegnet
Die Stolpersteine
Wo ich nicht mehr weiter weiß
Gesegnet deine Kraft

Meine Sehnsucht segne
Meine Sehnsucht nach Leben
Nach Lieben
Nach Glück
Stille meinen Durst
Meinen Durst nach Leben
Nach Lieben
Nach Glück
Schick mir Menschen
Die mich anleiten zu suchen
Zu bohren
Zu finden
Lass mich selbst zu einer Quelle werden
Die Kraft schenkt
Denen, die sie brauchen

Mein Rufen höre doch
Meine Rufe
In das sternenbewimperte Universum
Sind unklar
Zahlreich
zerstreut
Verwaschen
vermurmelt
Wie sollen sie hören
Und antworten
Die Wachsamen?

Das Große Ganze um mich herum
Ist immer aufmerksam
Lauscht
Hört
Und will antworten
Will schenken

Da beginne ich zu rufen
Aber
Was will ich wirklich?
Frieden rufe ich
Und dann
Freude
Leichtigkeit
Eintauchen ins Leben
Einatmen Lebendigsein
Lebendigsein wie ein Baum

Wie ein Baum wachsen.
eher zufällig
Ausgesät
Aufgewachsen
Groß geworden
In Jahresringen lagert sich die Zeit an

Stark sein
Schutz geben
Biegsam bleiben im Wind
Lustvoll standhaft sein
Andere aufnehmen eine Zeitlang
auf der Durchreise
Grundwasser ziehen
Für Durstige
Ruheplatz den Gehetzten
Schutz geben
Vor Wettern

Lass mich so wachsen, mein Gott
Und da sein
Am Weg der anderen
Gastlich
Und in mir ruhend, bitte ich
Eben glücklich.

Das Glück wohnt im Jetzt

Impuls

Der Urlaub ist eine gute Zeit, um sich und andere zu spüren. Das Wort hängt mit „Erlaubnis" zusammen. Urlaub ist die Erlaubnis zum Sein jetzt!

Deshalb ist es unsinnig, diese Erlaubnis-Zeit schon wieder vollzustopfen mit Zielen, Terminen und Orten.
Wichtiger ist es, das zu tun, was mir wohltut.
Wichtiger ist, mit Lust eine Aufgabe zu tun, zu der ich sonst keine Zeit habe.
Ein Staudenbeet umzugraben, am Strand zu liegen oder einem Sonnenuntergang zuzuschauen.

Übung

Gib dir einmal in der Woche auf diese Weise „Urlaub", die Erlaubnis, für eine bestimmte Zeit nur zu sein – ohne „tun" und „müssen".
Vielleicht gehst du spazieren, ohne zu denken, ohne zu planen.
Du sperrst alle Sinne auf. Was sehe, höre, rieche ich?
Kann ich das Wesen der Bäume und Tiere, der Menschen, denen ich begegne, wahrnehmen?

Glücklichsein stellt sich ein, wenn du im Kontakt mit dir selbst und allen Wesen um dich herum lebst.

Eine Amsel hat sich
vor meinem Fenster niedergelassen
Und singt für sich
Und für mich
Ich gebe meiner Seele Urlaub
Für ein paar Minuten
lasse sie für eine Weile ziehen
Folge den reich geschwungenen Melodien
Meiner kleinen Amsel
Werde von ihren kunstvollen Koloraturen
Nach oben gezogen
reine Schöpfungsfreude quillt mir entgegen
aus ihrem Gesang
Macht mein Herz weit
Ich schöpfe
Ich nehme
Kleine Amsel Freude
Gesegnet alle Wesen
Die mir Freude bringen.

Lachen

Du lachst so wenig
Sagte meine Tochter heute zu mir
Ich stutzte
Es stimmt
Mein Gesicht sagt es
Die müden Sorgenfalten sind stärker
Ausgeprägt
Als die Lachfältchen
Um die Augenwinkel
Lache mich ins Leben zurück
Bitte ich
Entschwere mein Herz
Erleichtere meine Seele
Unbeschwert soll sie tanzen
Unbeschuht
Leicht-sinnig
Auf der Wiese des Lebens.

In uns berühren sich Himmel und Erde

Die Erde berühren
Ihre Oberfläche streicheln
Grasiges unter den Füßen spüren
Das gurgelnde Schmatzen des Moores
Flinkes Wasser an den Füßen vorbei
Den Sand der Dünen in den Zehen behalten
Einen Sommer lang

Die Erde berühren
auch ihre Abgründe lieben
Schroffe Zacken inwendige
Felsige Platten
Haut schürfend
Dunkel-Höhliges
Das zum Verirren einlädt

Die Erde berühren
sagt sich so leicht
sich bücken beugen
sich klein machen
zurückkehren umkehren
sich hinsetzen und Ruhe geben
sich ausstrecken und probeliegen
längelang nächtelang

Die Erde berühren
Verwandlung erbitten
Lasten abladen
Sorgensteine kullern lassen
Sich aufrichten
Aufstehen
Sich aufrichten
Zur Sonne hin
Aufrecht stehen
Jetzt

Den Himmel erreichen

In uns
Jeden Morgen
Berühren sich
Erde und Himmel.

Glück wünschen

Impuls

Viele haben Angst, sich konkret etwas zu wünschen.
„So werde ich wenigstens nicht enttäuscht", denken sie.

Aber das Glück will erwünscht, gewünscht werden!
Wir sind es gewohnt, anderen Glück zu wünschen.
Wie wäre es, dies einmal für sich selbst zu tun?
Was wünsche ich mir für das kommende Jahr?
Was muss ich vorbereiten, investieren, verändern, damit dieses Gewünschte wirklich werden kann?
Was nichts kostet, ist nichts wert.

Übung

Was wünsche ich mir an Glück für das neue Jahr?
Was für Einwände kommen mir dabei in den Sinn?
Immer wieder einmal will ich diese Notizen durchgehen und am Ende dieses Jahres Bilanz ziehen.

Auf meinen Klang hören

Auf meinen Klang hören
Den inneren Klang
Mir eingestiftet
Von Ewigkeiten her
Musik
Die mich mit dem Universum
Deiner Liebe verbindet
Mein Name
Bei dem du mich gerufen hast
Rufen wirst
Wenn es einmal so weit ist
Mein Gott
Lass mich
Jetzt schon
Auf diesen Klang hören
Ewigkeitenhell
Seelenrein
Zukunftsvoll
Und dir antworten
Mit dem Lied meines Lebens